RÉPONSE D'UN RUSSE

A

LA BROCHURE FRANÇAISE

L'EMPEREUR, LA POLOGNE ET L'EUROPE.

RÉPONSE D'UN RUSSE

A

LA BROCHURE FRANÇAISE

L'EMPEREUR, LA POLOGNE ET L'EUROPE.

EN VENTE

A SAINT-PÉTERSBOURG

aux librairies de

S. DUFOUR,	**JACQUES ISSAKOW,**
au pont de Police, maison de l'église hollandaise.	perspective de Nevsky, au Gostinnoï-Dvor.

1863.

Un écrit anonyme qui vient de paraître à Paris a fait sensation en Europe.

La presse le commente à perte de vue. Les divers partis politiques l'interprètent à leur guise. La finance s'en émeut et les fonds publics s'en ressentent. Quelle peut être la cause de ce surcroît d'agitation à une époque où, en raison même de la multiplicité et de la gravité des motifs d'émoi, le monde aurait pu accueillir avec un sang-froid relatif quelques pages anonymes ? Cette cause n'est un mystère pour personne.

Des précédents de récente notoriété, les allures officielles affectées par l'auteur, l'aplomb et l'autorité avec lesquels il aborde et tranche des questions aussi graves, tout, jusqu'au caractère audacieusement imitatif du style, se combinait pour faire croire au public européen que cet écrit résumait le programme de la polique française et l'inquiétant prélude du plus sombre et du plus incertain des drames historiques.

Il est pourtant une minorité éclairée, qui ne se laisse pas facilement prendre aux apparences, qui sait à quoi s'en tenir sur ces fourrageurs diplomatiques et littéraires arbitrairement affublés d'une casaque officielle. Cette minorité, appréciant à sa haute valeur l'esprit de sagesse et de dignité dont l'empereur Napoléon a donné tant de preuves, se refuse à admettre que le gouvernement de Sa Majesté puisse et veuille abriter ses opinions sous le voile de l'anonyme et qu'il cherche à étayer

de renseignements erronés une argumentation aussi illogi-
que et aussi blessante non-seulement pour la Russie, mais pour
toutes les autres puissances européennes.

Toutefois ce n'est qu'une minorité, et une minorité restreinte.
La masse du public, ces âmes généreuses, comme les qualifie
l'auteur de la brochure, l'ont accueillie avec une débonnaire
crédulité. Il nous semble donc utile et opportun de chercher
à les éclairer et à les ramener à une plus juste appréciation de
cet écrit.

I

Le publiciste anonyme commence tout d'abord par recon-
naître l'étendue et l'extrême difficulté du problème polonais.
Il avoue que « *le rétablissement de la Pologne affecterait aujour-*
« *d'hui l'existence de presque tous les Etats européens;* » — mais
ajoute-t-il, — « *la France a dit l'intérét qu'elle prend au sort de*
« *la Pologne. Le gouvernement de l'empereur ne témoigne jamais en*
« *vain ses sympathies à une grande cause. Poursuivons donc sa so-*
« *lution sans impatience comme sans faiblesse.* »

Soit, poursuivez cette solution, au risque de compromettre
le repos général; *sacrifiez l'existence de presque tous les États européens*, comme vous le dites, à la résurrection d'un seul; cédez
à l'influence de ces irrésistibles sympathies; faites-le sans faiblesse, mais faites-le du moins avec logique.

Or ce que la logique demande comme condition première
et absolue de toute solution d'un problème, c'est d'en poser
les termes avec netteté et précision. On les chercherait en
vain dans cet écrit d'allures si tranchantes et si doctorales
pourtant; il y est question à chaque ligne du rétablissement d'une Pologne, mais nulle part l'auteur ne dit ce qu'il
entend par Pologne.

Est-ce celle de 1772, avec la Galicie, la Posnanie et les neuf
provinces russes que le comité central Polonais proclame *urbi*

et orbi du fond de ses souterrains, en dépit de toutes les notes diplomatiques ?

Est-ce celle de 1815, c'est-à-dire le royaume de Varsovie, qu'on enlèverait à la Russie en invoquant ces mêmes traités qui lui en confèrent la possession *à perpétuité?*

Est-ce enfin une Pologne d'invention nouvelle, comprenant le duché de Varsovie avec la Lithuanie, la Volhynie et l'Ukraine ?

On entrevoit tour à tour chacune de ces trois combinaisons; mais ce n'est que par un laborieux travail d'induction et d'hypothèses qu'on arrive jusqu'au fond de la pensée de l'auteur.

La haute valeur qu'il attache au concours de l'Autriche ; le langage si élogieux, pour ne pas dire adulateur, dont il use à l'égard de ses hommes d'Etat, donnent tout lieu de croire que, pour le moment du moins, il ne peut être question d'une Pologne de 1772, que le cabinet de Vienne ne saurait accepter, et qui, de l'aveu même de ses organes officiels, le *« rejetterait « forcément dans les bras de la Prusse et de la Russie. »*

C'est donc la Pologne de 1815 que la France doit poursuivre, mais dans des limites très-vagues, très-élastiques ; car l'auteur prévient charitablement l'empereur Alexandre II que *« les conditions seront moins douces après la guerre qu'avant, »* et que *« la France, une fois l'épée hors du fourreau, aura à hon- « neur de délivrer la Lithuanie comme elle a délivré la Lombardie. »*

Faisons toutefois la part des entraînements de l'amour-propre national et de ceux de la verve littéraire ; espérons que la France aura la générosité de rentrer son épée dans le fourreau après avoir délivré le royaume de Varsovie, comme elle a bie[n voul]u le faire à Villafranca ; — admettons enfin qu'il ne s'ag[it] que de la Pologne de 1815, et prenons cette hypothèse pour base et pour point de départ de notre argumentation.

En politique, plus qu'en négoce, il est indispensable, avant d'entreprendre une vaste affaire, d'en supputer les frais et les rapports, d'en calculer les chances, d'en prévoir les risques et les périls, de faire, enfin, aussi petite que possible la part de l'imprévu et du hasard.

II

C'est ce bilan que nous allons essayer d'établir. Première question.

Quels seraient donc les frais du rétablissement de la Pologne ?

Le cabinet de St-Pétersbourg a répondu aux notes des trois cours avec une précision pleine de courtoisie, mais qui exclut toute possibilité de doute à l'égard de ses résolutions.

Le peuple russe s'est prononcé avec un enthousiasme et une unanimité qu'on ne saurait méconnaître et qui sont plus que suffisants pour maintenir le gouvernement dans la voie qu'il s'est tracée et dont il ne semble d'ailleurs nullement vouloir s'écarter.

Ainsi donc il faut une guerre européenne, une guerre aussi terrible que celle dont le plus grand capitaine du siècle a éprouvé les insurmontables difficultés et dont lui et la France ont si chèrement expié les conséquences.

Admettons pourtant les chances les plus favorables pour la France et ses alliées, les plus désavantageuses pour la Russie. Considérons d'abord l'alliance offensive des trois cours comme un fait irrévocablement acquis. Supposons que la fière Albion se prête avec une docilité exemplaire aux belliqueuses injonctions du publiciste français ; que ses flottes se portent à toute vapeur vers tous les points qu'on voudra lui indiquer ; — que l'Autriche, oublieuse de la Lombardie, insouciante de la Vénétie, de la Hongrie et de la Galicie surtout, marche sous les ordres des intrépides généraux qui, à Magenta et à Solferino, ont conquis leur bâton de maréchal ; — trouvons avec l'auteur de la brochure qu'il suffit d'une enjambée au roi de Suède pour se rendre de Stockholm à St-Pétersbourg; que le roi d'Italie d'un côté, le sultan et le roi de Portugal de l'autre, viendront offrir leurs contingents.

Napoléon Ier a marché contre la Russie à la tête de douze peuples. 600,000 hommes combattaient sous ses ordres.

De combien était-il suivi lorsqu'il traversa la Bérésina, et combien de temps a-t-il fallu pour que ses douze peuples se retournassent contre lui ?

Mais, dira-t-on, il avait l'Angleterre, cette souveraine des mers, contre lui. Il poursuivait un but personnel ; il se battait pour des conquêtes et non pour des idées. On profitera des enseignements de ses fautes stratégiques pour obtenir de meilleurs résultats. Ce n'est pas au cœur qu'on frappera le colosse, c'est aux extrémités.

Admettons tout cela encore, faisons toujours la part la plus belle à nos adversaires, la plus large à l'hypothèse. Pourtant l'on devra convenir qu'une nation de 60,000,000 d'hommes, électrisée comme elle l'est, guidée par un souverain d'une popularité immense, apportera à l'attaque une résistance dont le siége de Sévastopol et la guerre de 1812 ne donnent qu'une bien faible idée ; car aujourd'hui ce sont 60,000,000 d'hommes libres qui sont prêts à combattre, c'est un peuple exalté par la reconnaissance et dont on a froissé et irrité la fibre nationale la plus sensible.

Qu'on ne se flatte donc pas de l'espoir d'une prompte et facile victoire. Qu'on ne s'imagine pas de tout pouvoir finir en une ou deux batailles, comme cela s'est fait en Italie. Vous nous brûlerez Pétersbourg ; vous ravagerez les côtes finlandaises, celles de la Crimée ; vous marcherez même jusqu'à Varsovie. Mais après? Il faut vous y maintenir, il faut résister aux flots toujours renaissants d'un peuple qui a hautement déclaré *« vouloir blanchir de ses ossements tout le territoire na-« tional plutôt que d'en céder une palme. »*

Un auteur anglais a évalué les frais de la guerre d'Orient à 400,000 hommes et à 3 milliards de francs.

C'est en quadruplant ces chiffres formidables qu'on arrive-
rait seulement à l'évaluation des frais de la guerre que l'on a
le cruel courage de conseiller aujourd'hui.

Et encore ne seraient-ce que les frais certains, inévitables,
positifs.

Le chapitre des risques et des périls reste à examiner.

L'auteur de la brochure fait bien bon marché de l'Allemagne; il fait plus encore à l'égard de la Prusse, il la menace
et l'insulte ; il accuse son roi « d'être oublieux des enseignements de l'histoire et de vouloir contraindre la France à un
nouveau Iéna pour arriver à un second Friedland. »

Il suffirait de la simple citation de ce passage pour démon-
trer que l'écrit dont nous faisons l'analyse n'émane d'aucune
source officielle; car il est impossible d'admettre qu'un gouvernement ayant le respect de soi-même et des autres sanc-
tionne un aussi profond oubli de toute convenance, et qu'en
approuvant l'évocation des souvenirs d'Iéna et de Friedland,
il provoque celle des souvenirs de Leipsick et de Waterloo.

Quant à l'Allemagne, le publiciste anonyme lui promet
« *qu'elle sera ménagée le plus possible. On se bornerait à lui em-*
« *prunter le passage pour atteindre la Russie par la Prusse.* »

Ces mots « *emprunter le passage* » sont d'une originalité,
on pourrait même dire d'un naïveté vraiment exceptionnelle.

Compter sur l'infaillible réalisation d'un « *emprunt* » pareil
à celui-là surtout, ne semble pas très-rationnel. L'Allemagne
pourrait bien, en dépit de tous les « *ménagements,* » ne pas appré-
cier les bénéfices de cette spéculation, et se refuser à un emprunt dont elle aurait à redouter *la consolidation* et dont le
« *passage* » de l'armée française ne solderait pas à coup sûr
les intérêts.

Reste donc la ressource d'un emprunt forcé, c'est-à-dire la
guerre avec l'Allemagne, la Prusse et la Russie.

Nous ne mentionnerons qu'en passant une éventualité pré-
vue par l'auteur même de la brochure. Nous nous bornerons
à répéter avec lui « que la Pologne risque, chaque fois qu'elle

« s'agite, de produire la coalition contre elle et contre ceux
« qui songeraient à la défendre. » Ce risque pouvant paraître
aujourd'hui très-incertain ou du moins éloigné, nous ne le
mettrons pas en ligne de compte.

Il n'en restera pas moins certain que les frais du rétablissement de la Pologne s'élèveraient à un total effrayant ; qu'ils
nécessiteraient une guerre sanglante et ruineuse, et que ce
n'est qu'à ce prix, c'est-à-dire au prix d'une incalculable série
de calamités sociales et de complications politiques, qu'on
parviendrait à atteindre le but qu'on se propose.

III

Quels en sont les avantages pratiques? Quel est le chiffre
des profits et quelle sera la part de chacun? Telle est la se-
conde question qui s'offre d'elle-même à l'esprit et dont nous
chercherons la solution dans l'analyse la plus impartiale.

Estimons d'abord quels en seraient les résultats pour chacune des puissances européennes.

Ils ne pourrait être question, bien entendu, de faire bénéfi-
cier la Russie et la Prusse dans cette affaire.

L'Autriche y perdrait infailliblement la Galicie, que le parti
national polonais convoite avec une ardeur à peine déguisée
aujourd'hui.

De plus, elle aurait concouru à établir un précédent des
plus fatals pour une monarchie composée d'éléments hétérogè-
nes, précédent dont la Hongrie et la Vénétie seraient en droit
de se prévaloir.

En échange, elle s'assurerait peut-être le bon vouloir et la
gratitude de la France, les applaudissements de la presse,
voire même les motions élogieuses de quelques meetings anglais ; — mais, somme toute, y gagnerait-elle beaucoup, et à
défaut de cette habileté proverbiale des hommes d'Etat autri-
chiens, ne suffit-il pas des enseignements d'une récente ex-

périence, des résultats obtenus en 1859 par la politique de 1854, pour se convaincre que l'Autriche ferait ce qu'il est communément convenu d'appeler une affaire détestable, dont les risques très-certains ne seraient que faiblement compensés par le mirage précaire des Principautés danubiennes ou celui d'une couronne d'Allemagne ?

Quant à l'Angleterre, il est vrai que grâce à sa position géographique et à ses ressources commerciales, loin d'avoir à redouter les commotions continentales, elle peut y gagner. Il est possible aussi qu'elle éprouve une grande satisfaction d'amour-propre à compléter, en détruisant ou du moins en essayant de détruire Cronstadt, l'œuvre interrompue par le traité de 1856.

Mais ces avantages tout à fait relatifs ne seraient-ils pas dépassés de beaucoup par le préjudice que causerait à ses intérêts l'affaiblissement de la Prusse, la périlleuse situation faite à l'Allemagne entre l'étau franco-polonais ?

Les compensations qui pourraient être offertes à l'Angleterre du côté de l'Orient, la pleine liberté d'action qui lui serait, dans tous les cas, acquise pendant ce grand conflit, peuvent sans doute être prises en considération ; mais résistent-elles à un examen approfondi ? La Grande-Bretagne ne jouit-elle pas déjà en Orient d'une influence suffisante ? Cette influence, accrue par le salutaire revirement qui s'est opéré dans la politique anglaise, ne se consoliderait-elle pas d'une manière bien plus durable et plus réelle avec le concours de la Russie, concours acquis à tous ceux qui poursuivent en Orient une œuvre de paix et de civilisation, à tous ceux qui veulent la prospérité et le développement progressif de toutes les populations qui s'y trouvent sans distinction de race, d'origine et de religion ?

Enfin, est-il de l'intérêt de l'Angleterre de faciliter cette revanche de Waterloo si laborieusement méditée et depuis si longtemps annoncée, en contribuant à la revanche de la Bérésina ?

Nous ne le croyons pas.

Pour l'Italie, le plus clair qu'elle puisse en retirer, c'est d'apprendre au monde qu'elle n'occupe dans la constellation européenne qu'un humble rôle de satellite ; c'est de procurer à l'Autriche l'occasion de se faire garantir par ses alliés, pour quelque temps du moins, la possession de la Vénétie ; c'est enfin de prolonger indéfiniment l'occupation de Rome et de contribuer au maintien du pouvoir temporel par la création d'un Etat essentiellement ultramontain.

La Turquie ne peut avoir aucun intérêt réel à poursuivre l'acquisition précaire de quelques lambeaux de terrain asiatique au prix d'une commotion européenne dont elle pourrait bien solder les frais définitifs.

La Suède aurait, il est vrai, sous prétexte de délivrance d'une nationalité opprimée, l'occasion d'asservir une province qui a été heureuse d'échapper à sa domination, et qui frémit à l'idée d'y rentrer ; mais ce n'est pas tout d'enlever, il faut conserver aussi, et ce n'est qu'au détriment de son repos et de son bien-être qu'elle s'épuiserait en efforts pour tenir pied en Finlande.

Les motifs qui pourraient décider Sa Majesté Très-Fidèle à faire cingler ses trois frégates vers les mers septentrionales échappent entièrement à notre perspicacité. A moins que ce ne soit pour acquitter la dette de reconnaissance contractée lors de l'incident du *Charles-Georges,* nous ne voyons réellement pas ce que les descendants de Vasco de Gama ont à faire dans la question.

D'accord, nous dira-t-on. Tout cela est possible ; mais la Pologne sera reconstituée, la Pologne sera libre, la Pologne sera heureuse, et la grande iniquité historique sera réparée.

La Pologne sera reconstituée peut-être, oui ; mais en partie seulement, comme nous l'avons constaté plus haute.

Ce qu'il vous plaît d'appeler la grande iniquité et ce que nous nous permettrons de qualifier de grande nécessité historique sera réparé, soit ; mais toujours partiellement ; car, en dépit des larmes traditionnelles de Marie-Thérèse, il est peu probable que Sa Majesté Impériale et Royale Apostolique se dessaisisse volontiers d'un nouveau fleuron de sa couronne.

Quant à voir une Pologne libre et heureuse, halte-là ! Dites-nous d'abord ce qui vous autorise à le croire.

Des vœux, quelque ardents et universels qu'ils soient, ne sont pas toujours réalisables.

Ce n'est pas tout de vouloir créer un Etat, il faut en posséder les éléments, il faut être à même de produire quelque chose de viable, de fort, de permanent.

Il ne se fait pas de sérieuses et pratiques combinaisons politiques avec des chimères. Or cette Pologne légendaire et fantastique à laquelle une poignée d'émigrés et quelques publicistes rêveurs vous ont fait croire n'est rien qu'une chimère qui ne résiste pas au contact de la réalité.

L'histoire est là pour nous dire, avec sa rigoureuse vérité, que tant que la Pologne était libre et indépendante, elle s'épuisait en troubles intérieurs ou en stériles et passagères conquêtes ; qu'une minorité aristocratique pressurait et torturait les masses populaires ; et enfin, que si la Pologne est morte à l'indépendance, ce n'a été que par suicide et non par un assassinat.

A quoi bon d'ailleurs fouiller les annales de l'histoire ? Le présent suffit à lui seul pour la démonstration de ces incontestables vérités.

Evoqué par les révolutionnaires et l'ingérence de l'étranger, le fantôme de l'ancienne Pologne s'est agité ; il s'est animé d'un souffle d'emprunt, et cela seul a suffi pour prouver que la mort ne lui a rien appris, et que s'il revenait à la vie, ce serait avec toutes ces incurables infirmités et tous les vices organiques qui l'ont poussé vers la tombe.

Les faits et les chiffres viennent avec leur irréfutable éloquence à l'appui de ces assertions.

Quel est le moment que les Polonais ont choisi pour se soulever ? Celui où un souverain qui avait donné au monde, par sa grande œuvre d'émancipation, le gage le plus éclatant du libéralisme de ses vues, de la noblesse et de la loyauté de ses sentiments; celui, disons-nous, où ce souverain remplaçait un régime oppressif par un système de douceur et de tolérance, où il ouvrait la porte de l'exil à 9,000 condamnés politiques, où il faisait inaugurer l'ère nouvelle des réformes les plus larges, les mieux combinées dans l'intérêt de la Pologne, et dont il promettait le développement progressif.

Il n'y a en tout que 3,800,000 Polonais dans le royaume. En faisant la part très-large au parti révolutionnaire ou soi-disant national, combien croit-on qu'il compte d'adhérents?

Il est positif, quoi qu'on en dise, que les populations rurales n'ont pris dès l'origine aucune part au mouvement; qu'elles lui sont devenues très-hostiles aujourd'hui, et qu'il n'eût dépendu que du gouvernement de profiter d'un exemple historique de date assez récente pour dompter la rébellion au moyen d'une jacquerie.

Voilà donc près de 3,000,000 à déduire du chiffre général de la population polonaise.

Restent 800,000 adhérents de la cause nationale, appartenant à la haute et à la petite noblesse, à la bourgeoisie et au prolétariat urbain, avec une partie considérable du clergé catholique romain en tête.

Dans ce nombre, les trois quarts au moins, on peut le dire en toute assurance de vérité, cèdent à l'influence du terrorisme inouï exercé par le comité central; les trois quarts, tout en rêvant l'indépendance nationale, déplorent le mouvement actuel et exècrent ses terribles meneurs.

Somme toute, par conséquent, c'est pour satisfaire aux vœux d'une minorité de 200,000 hommes qu'on mettrait le feu aux quatre coins de l'Europe; que des millions de braves s'entretueraient, et que le progrès et la civilisation reculeraient de plusieurs dizaines d'années.

Et l'on dit que le siècle où nous vivons est un siècle de calcul ! N'est-ce pas plutôt un siècle de sanglantes utopies et de colossale duperie?

Quant aux moyens dont le parti national fait usage pour arriver à ses fins, ils sont de notoriété publique. Le meurtre, le vol, l'incendie, les exactions, les gendarmes pendeurs, les prêtres bourreaux, la terreur enfin, dans l'acception la plus féroce et la plus vaste de ce mot de criminelle souvenance, — tels sont ces moyens.

Enfin, ces hommes qui se trouvent à la tête de ce parti, ces Marat, ces Carrier, ces Saint-Just souterrains, ces Mirabeau du mutisme et du double jeu politique, ces Rolland manqués, ces Dumouriez et ces Carnot improvisés de la révolution polonaise, rachètent-ils au moins, par la grandeur de leur génie, par la sincérité de leur patriotisme et la force de leurs convictions, la férocité de leurs actes ?

Les organes les plus dévoués à la cause polonaise répondent chaque jour à cette question par des faits et des incidents pleins d'enseignement.

Tantôt c'est le général Mieroslawski qui dispute la dictature au général Languiéwitch et qui franchit la frontière pour la repasser aussitôt en abandonnant ses faucheurs, mais en sauvant la caisse.

Tantôt c'est le général Languiéwitch qui menace de fusiller Mieroslawski, et qui à son tour est condamné à mort par l'invisible comité.

Puis c'est le comité lui-même, dont les membres s'entre-tuent et s'entre-destituent en se partageant le produit du vol de la Banque de Varsovie.

Enfin, tout récemment encore, n'a-t-on pas vu dans la plupart des feuilles européennes une lettre où M. Mickiewitz traite le prince Czartoryski, cet ambassadeur très-extraordinaire d'un gouvernement plus extraordinaire encore, de la façon la plus irrévérencieuse et le qualifie de jésuite et d'Autrichien ?

Ingratitude, inconséquence, oppression, crime, terreur, fanatisme, oligarchie, ambitions mesquines et cupides, c'est avec de pareils éléments que vous voulez reconstituer un Etat, ressusciter un peuple et en immoler un autre? Y pensez-vous ?

Et pourtant la Pologne peut être libre, heureuse et prospère ; elle le sera du jour où, comprenant les destinées qui lui sont assignées et renonçant à d'irréalisables utopies, elle acceptera la main de la réconciliation que la Russie est toujours prête à lui tendre, et marchera côte à côte avec elle sur la voie du progrès, de l'ordre et de la liberté.

Le bilan de cette grande affaire européenne est dressé ; qu'on calcule, qu'on médite et qu'on se décide.

IV

Ce n'est ni par oubli ni par hésitation que nous avons omis la France dans ce bilan de la question polonaise. Une puissance qui ne poursuit aucun avantage matériel, qui semble même les vouer au mépris, ne saurait entrer en ligne de compte dans un calcul politique de frais et de rapports.

« L'empereur, dit le publiciste anonyme, ne poursuit dans « cette *sainte* cause aucun but personnel, et il ne se réserve « que la satisfaction d'un devoir accompli. »

La France, nous le savons, place généreusement ses armées et sa diplomatie au service des idées, — le monde en a été prévenu plus d'une fois, il a été à même de s'assurer qu'il n'y a que « *les idées* » qui soient assez puissantes pour interrompre le célèbre programme de Bordeaux : « L'empire c'est la paix. »

Aussi répudions-nous avec une légitime indignation tout soupçon d'arrière-pensées rhénanes, et protestons-nous de toute la force de nos croyances dans le désintéressement de la politique impériale contre une phrase dont l'intercalation dénote toute la maladresse du zèle dont l'auteur de la brochure était animé.

« L'empereur Napoléon, dit-il, sait que *ce qui serait le plus*
« *propre à consolider sa dynastie*, c'est une guerre pour le relè-
« vement de la Pologne. »

Une dynastie qui a pour base 7,000,000 des suffrages les
plus sincères et les plus universels; une dynastie qui a rendu
de si glorieux et de si réels services à la France, n'a pas be-
soïn d'être en quête perpétuelle de consolidation. Elle l'ob-
tient par son propre poids et sa propre valeur.

Elle ne saurait être soupçonnée non plus de provoquer au
bouleversement européen dans des vues de convenances per-
sonnelles ou de placement de quelques branches incom-
modes.

La France, nous le répétons, en nous appuyant sur une au-
guste autorité, ne se bat que pour une idée, et l'incident tout
fortuit de l'annexion de la Savoie et du comté de Nice n'est
nullement de nature à ébranler notre conviction.

Mais encore y a-t-il idées et idées. Il y a en de vraies et il
y en a de fausses.

Nous croyons avoir prouvé que l'idée polonaise telle qu'elle
est entendue par la presse étrangère appartient à cette der-
nière catégorie. L'avenir se chargera de compléter cette démonstration ; quant au passé, loin d'y trouver le témoignage
du contraire, nous y voyons la constante et séculaire condam-
nation de cette idée.

«S'il est vrai — comme le dit l'auteur — que Louis XV, Louis-
« Philippe, Robespierre et M. de Lamartine ont suivi une mê-
« me politique envers la Pologne, » c'est que probablement
cette politique avait ses puissantes raisons d'être ; c'est que les
intérêts de la France et ceux de l'Europe la réclamaient et la
réclament encore ; — c'est que toutes ces grandes illustrations
gouvernementales, traitées par le publiciste anonyme avec
tant d'irrévérence, appréciaient sans doute l'impossibilité pra-
tique du *relèvement de la Pologne* et qu'ils ne voulaient pas chercher dans des torrents de sang la solution de ce problème.

« *L'empereur Napoléon Ier seul,* est-il dit plus loin, *a aidé*
« *les Polonais.* »

Il s'agit de savoir ce que l'on entend par aider.

Si l'on aide un peuple en l'utilisant à des fins d'intérêt personnel ; si l'on aide un peuple en l'électrisant par le trompeur mirage d'une reconstitution nationale qu'on sait très-bien être impossible ; si enfin l'on aide un peuple en prélevant la dîme sur la fleur des éléments qui le composent et en le sacrifiant sur d'innombrables champs de bataille, — alors, oui, Napoléon Ier a aidé la Pologne.

Mais quant à vouloir et à trouver possible son relèvement ; quant à « *compromettre un grand peuple et à perdre sa couronne,* comme dit le publiciste et comme l'ont dit avant lui de fougueux orateurs, « *plutôt que de consentir à déclarer que la Polo-* « *gne ne serait jamais rétablie comme nation,* » c'est une profonde et radicale erreur démentie par un document historique d'une incontestable valeur et dont M. Thiers a fait mention dans son Histoire du consulat et de l'empire.

Voici nommément ce qu'écrivait, le 20 octobre 1809, le ministre des affaires étrangères de Napoléon Ier, M. de Champagny (plus tard duc de Cadore), au chancelier de l'empire de Russie, comte Roumiantzow, dans une note officielle en date de Vienne et PAR ORDRE de l'empereur :

« ..... En écoutant ce que lui prescrivait une saine politique avouée par la justice et l'honneur, Sa Majesté a cherché à remplir les vues de son allié . . . .

« L'empereur veut non-seulement ne point faire naître l'idée de la renaissance de la Pologne, si éloignée de sa pensée, mais il est disposé à concourir avec l'empereur Alexandre à tout ce qui pourra en effacer à jamais le souvenir dans le cœur de ses anciens habitants. Sa Majesté approuve que les mots de Pologne et de Polonais disparaissent non-seulement de toutes les transactions politiques, mais même de l'histoire. Elle engagera le roi de Saxe à se prêter à tout ce qui paraîtra tendre à ce but. Tout ce pourra servir à maintenir dans la soumission les habitants de la Lithuanie sera approuvé par l'empereur et exécuté par le roi de Saxe... Il y a donc tout lieu de penser que l'événement qui aurait la puissance du roi de Saxe, loin d'entretenir dans le cœur des anciens Polonais une espérance chimérique, leur prouvera le peu de réalité de celle qu'ils avaient pu concevoir.

« Il mettra un terme à une illusion plus dangereuse pour eux qu'elle n'était inquiétante pour les gouvernements auxquels il appartiennent...

« Encore une fois, l'empereur Napoléon concourra de tous ses moyens à tout ce qui pourra assurer la tranquillité et la soumission des anciens Polonais, et il croira les bien servir en leur épargnant de nouveaux malheurs et en les attachant de plus en plus au gouvernement sage et paternel d'un empereur son allié et son ami. »

Qu'on s'abstienne donc à l'avenir d'évoquer les traditions dynastiques en faveur d'une guerre pour la reconstitution de la Pologne.

L'empereur Napoléon III peut y être porté par des considérations appréciables à sa haute sagesse, mais qui, à coup sûr, ne sont pas puisées dans les traditions politiques de sa dynastie.

« Sa Majesté » dit le publiciste anonyme avec une assurance pour le moins indiscrète « fera quelque chose pour la Po-« logne, c'est certain, mais à son heure et à sa manière. »

Nous n'aurons pas la présomptueuse audace de préjuger les décisions à venir de l'empereur Napoléon III ; mais ce qui est incontestable, c'est qu'il a déjà donné plus d'un témoignage de son active sollicitude en faveur de bien des peuples.

Il a fait « quelque chose » pour la Turquie lors de la guerre de Crimée.

Il a fait quelque chose pour la Grèce en la faisant occuper par ses troupes à la même époque.

Il a fait quelque chose et il était disposé à faire encore plus pour l'Italie.

Il a fait quelque chose et il continue à le faire pour le saint-siége, qui jouit depuis près de quinze ans de l'appui et de la protection d'une armée française.

Avec une promptitude remarquable il a fait quelque chose en Syrie.

En Chine, en Cochinchine, à Madagascar et au Mexique surtout, il a fait beaucoup de choses.

S'il n'a rien fait encore pour les Amériques du Nord et du Sud, ce n'est certes pas faute de bon vouloir.

L'histoire offre peu d'exemple d'une sollicitude et d'une activité aussi universelle. Peu de drapeaux peuvent se glorifier d'avoir été portés et déployés en tant de lieux divers ; mais la générosité, l'abnégation n'ont-elles pas aussi leurs limites? La France ne serait-elle pas en droit de se montrer un peu jalouse de cette sollitude vraiment œcuménique, et tout en éprouvant de légitimes satisfactions d'amour-propre national, ne pourrait-elle pas se dire un jour, ou du moins penser tout bas, que la sollicitude de l'empereur, les forces et les richesses du pays, se prodiguent et s'absorbent au dehors au détriment du peuple qui y possède le plus de droit? Ne pourrait-elle pas enfin attribuer à ces préoccupations extérieures le retard survenu dans ce « couronnement de l'édifice » si généreusement promis et si patiemment attendu?

D'ailleurs, si un seul gouvernement assume tout le poids et toute la responsabilité de la régularisation des intérêts du monde entier, que restera-t-il à faire aux autres?

« C'est surtout dans les affaires d'Etat que le cœur doit « être réglé par la raison, » a dit en commençant l'auteur de la brochure.

Comment se fait-il qu'il ait perdu de vue cette salutaire vérité?

V

« Tout le monde s'est servi de la Pologne, » a dit **M.** Guizot, « et personne ne l'a servie. » Cette réflexion, d'une vérité absolue à l'époque où l'illustre ministre de la monarchie de Juillet l'exprimait, ne l'est plus aujourd'hui. Il s'est trouvé un homme qui a voulu loyalement servir la Pologne, qui le veut encore en dépit de tous les obstacles, et qui, Dieu aidant, parviendra à réaliser ses bienfaisantes intentions.

Cet homme, c'est l'empereur Alexandre II.

Assurer le bonheur des Polonais sur des bases solides et durables ; accroître leur prospérité morale et matérielle ; les réintégrer progressivement dans l'exercice des droits civils et politiques qu'ils s'étaient aliénés ; effacer toute trace, tout vestige d'inimitié entre eux et les Russes ; accorder au royaume une administration libérale, éclairée et autonome, tel a été le programme hautement avoué de la politique de l'empereur Alexandre II, programme dont la réalisation est forcément interrompue par la plus injustifiable des insurrections, mais que tout récemment encore il a solennellement déclaré être résolu à poursuivre dès que l'ordre sera rétabli en Pologne et que l'apaisement des passions politiques lui en donnera la possibilité.

Aussi, tous les vrais amis de la Pologne, tous ceux qui veulent réellement la servir et non pas s'en servir, devraient-ils se joindre à l'homme d'Etat qui, du haut de la tribune d'une illustre assemblée, tenait, il y a un an et quelques mois, le langage suivant :

« Il me semble qu'une nation placée dans les circonstances « où se trouve la Pologne devrait bien calculer les consé- « quences de l'adoption par elle d'une ligne de conduite qu'on « pourrait lui conseiller de prendre... Etait-il sage, je le de- « mande, de leur part, d'adopter un système de démonstrations « offensantes ? Ces emblèmes déployés, ces hymnes chantées,

« ne pouvaient améliorer en rien la condition des Polonais et
« ne pouvaient qu'irriter et provoquer les autorités russes...
« Je ne puis m'empêcher de penser que les Polonais auraient
« mieux agi dans le sens de leurs propres intérêts , s'ils
« avaient appliqué leur énergie à l'amélioration de l'agricul-
« ture et leurs efforts aux progrès de la prospérité générale
« du pays ; s'ils avaient supporté aussi bien qu'ils le pouvaient
« les malheurs dont ils disent souffrir, au lieu de sortir de
« cette voie et de commettre des actes calculés pour irriter et
« provoquer sans probabilité quelconque d'un bon résultat...
« Quant à l'avenir, si quelqu'un se sentait appelé ou avait
« le droit de donner un avis aux Polonais , il leur recom-
« manderait d'avoir confiance dans l'avenir et de ne pas atti-
« rer sur eux, en sortant de la ligne convenable, des maux
« qu'ils ne pourraient prévenir s'ils tombaient sur eux. Qu'on
« songe à ce qui se passe en Russie. Un grand changement
« politique et social a lieu dans cet empire, un changement
« qui ne peut rester isolé. Une grande œuvre se poursuit, une
« des plus grandes peut-être qui aient été opérées dans un si
« court espace de temps dans un pays : l'émancipation des
« serfs. Croit-on que cette émancipation ne doive pas tôt ou
« tard conduire à quelque extension de priviléges politiques,
« de pouvoir et d'autorité pour la nation russe? Je dirais donc,
« quant à moi, aux Polonais : C'est là ce que vous devez atten-
« dre, en n'oubliant pas que si les Russes ne peuvent désirer
« que les Polonais obtiennent ou conservent des libertés dé-
« passant ce dont ils jouissent eux-mêmes, ils seront toutefois
« disposés à les faire participer à tout ce qui pourra leur être
« accordé. Les Polonais agiraient mieux, dans le sens de
« leurs propres intérêts, en s'efforçant de faire de la conci-
« liation, et de profiter des sentiments bienveillants et hu-
« mains que je dois supposer à l'empereur Alexandre. Dans
« tous les cas, ce n'est pas là une question où la Grande-
« Bretagne puisse intervenir sagement et utilement. »

Nous avons hâte de le dire, ces paroles si sages et si vraies n'ont été proférées ni par le prince Gortchacow, ni par M. de Bismarck, ni même par le comte de Rechberg, mais par lord Palmerston, premier ministre de Sa Majesté Britannique, en pleine séance de la chambre des communes, le 4 avril 1862.

VI

Nous regrettons de ne pas pouvoir suivre l'auteur de la brochure sur le terrain diplomatique, qu'il aborde avec une aisance si familière.

N'étant aucunement initié aux mystères des cabinets européens, nous ne sommes pas à même de juger « *jusqu'à quel* « *point le gouvernement de l'empereur Napoléon est en droit,* » comme l'affirme le publiciste anonyme, « *de rappeler à la cour de* « *Russie qu'il a toujours gardé envers elle de grands ménage-* « *ments.* »

Notre compétence n'allant pas au delà du domaine des faits patents et publics, nous ne pouvons pas discuter avantageusement avec une personne aussi bien informée ou qui affecte de l'être du moins.

Tout ce qu'il nous est possible de lui répliquer, c'est qu'à en juger par des faits bien réels et bien accomplis, les ménagements ont été pour le moins réciproques, et que le compte courant politique de la France et de la Russie se règle, à dater même de bien loin, tout à l'avantage de la nation française et de ses gouvernements.

Si l'on reporte ses regards à l'année 1815, on voit que le seul monarque qui, à cette époque, avait témoigné un véritable intérêt à la France et empêché son démembrement, c'est l'empereur Alexandre Ier. Les héritiers du duc de Richelieu possèdent à cet égard un document fort curieux. C'est une carte où les bords de la France étaient déchirés pour en attribuer les lambeaux aux puissances qui étaient décidées à se les partager. L'inébranlable opposition de l'empereur

Alexandre y mit seule obstacle. « Conservez cette carte que je «rétablis pour vous, »—écrivait ce monarque au duc de Riche-lieu ; — « elle sera à l'avenir le témoignage de vos services, «de mon amitié pour la France, et le plus beau titre de noblesse «de votre maison. »

Quant à un passé plus récent, dans la question de Syrie, dans celle des Principautés danubiennes, dans les affaires d'Italie et de Savoie, il ne nous semble pas que la Russie ait été parcimonieuse de ménagements.

En regard de tout cela, l'auteur de la brochure ne cite que trois faits d'une valeur très-relative. Il insiste sur la modéra-tion dont le gouvernement français a fait preuve en « n'uti-lisant pas le zèle des Polonais lors de la guerre d'Orient. Il cite une note du *Moniteur* en date du 27 avril 1861, où la ré-serve et le calme étaient officiellement recommandés aux Polonais. Il rappelle enfin « *que lorsqu'il s'est agi de la re-* « *connaissance de l'Italie, c'est le gouvernement français qui invita* « *le cabinet de Turin à sacrifier l'école polonaise de Gênes, que le* « *gouvernement russe considérait comme une pépipière d'officiers* « *insurgés.* »

Il est certain que le gouvernement français n'a pas « utilisé le zèle des Polonais » en 1854 ; mais est-ce bien pour ména-ger la Russie et non l'Autriche qu'il s'en est abstenu ?

Sans doute *le Moniteur* du 24 avril 1861 a donné aux Polonais de très-sages et de très-bons conseils ; mais depuis lors, n'a-t-il pas reproduit avec une confiante persévérance les télégrammes et les dépêches de fabrication polonaise, qui n'étaient certes pas de nature à pacifier les esprits et à facili-ter au gouvernement russe le rétablissement de l'ordre ?

Enfin, ce qui est surtout positif, c'est que le collége polo-nais de Gênes a été fermé.

Considérant Gênes comme une ville italienne, nous avons cru jusqu'à présent que le mérite de cette mesure adminis-trative revenait au gouvernement de S. M. le roi Victor-Em-manuel ; mais quoi qu'il en soit, nous sommes d'autant moins autorisé à contester la réalité du fait que le sieur Martin Languiéwitch, aussitôt après avoir dépouillé sa robe de professeur du collége en question, est venu revêtir en Pologne, sa toge de dictateur.

Ce n'est pas sans une certaine répugnance que nous avons objecté en passant à quelques-uns des nombreux articles placés par l'auteur au débit de la Russie.

Il nous semble que ce minutieux et mercantile règlement de comptes en partie double, de doit et avoir, entre deux pays comme la France et la Russie, est au-dessous de leur dignité, et qu'elles sont assez riches en gloire, en force et en puissance pour faire autre chose que du négoce politique.

Nous terminerons enfin en exprimant le vœu bien sincère et bien profondément senti que les belliqueuses prévisions de l'auteur de la brochure que nous avons essayé de réfuter ne se réalisent pas. Nous dirons avec lui :

« Ceux-là seuls qui n'ont aucune responsabilité du pouvoir ou « qui, s'ils l'avaient, ne s'effrayeraient pas d'un embrasement général, « peuvent n'être point sobres de théories radicales. »